100 Rezepte

Französisch Kochen in der Mikrowelle

100 Rezepte

Französisch Kochen in der Mikrowelle

von

Jutta Born und Edgar Wessel

Unipart-Verlag · Stuttgart

Inhalt

Zeichenerklärung:

♦ Gesamtgarzeit
◊ Stehzeit
↔ Ober- und Unterhitze
● Grill
○ Heißluft

Titelbild:
Gefülltes Baguette (Rezept S. 11)

Innentitel:
Orangen-Crêpes (Rezept S. 61)

ISBN 3 8122 3122 0

Einführung

Französische Küche in der Mikrowelle — ein Widerspruch in sich?

Eigentlich spricht alles dafür, daß es so ist: Ein Kulturland, in dem Essen zur Zeremonie werden kann, wo Kochen die Kunst der Künste ist, wo man sich zum Zubereiten Zeit nimmt, wo mit Bedacht gewählt wird, wo das Fleisch auf dem Punkt ist und die Qualität des Gemüses ohne Tadel — was soll da die „schnelle Welle"? — Wir waren binnen kurzem überzeugt: Das Gemüse hatte Biß und eine einmalige Farbe, die Terrinen waren in kurzer Zeit gelungen und von hervorragender Konsistenz und das Fleisch war in der halben Zeit gegart und schön saftig. Nur einmal wurden wir rückfällig: Der Rehrücken wanderte für kurze Zeit in Großmutters „Gußeiserne", um dann seine Vollendung in der Mikrowelle zu erfahren. Wir stehen zu diesem Kompromiß, obwohl wir auf die Mikrowelle nicht mehr verzichten würden. Vielleicht versuchen Sie es selbst? — Aber bitte achten Sie auf die Zutaten: Wir konnten französische Maßstäbe anlegen und haben sie angelegt. In Deutschland kann man das nicht immer und überall, weil manchmal die Quantität der Qualität den Rang abläuft.

Die Mikrowelle reagiert sehr empfindlich auf Qualitätsunterschiede, d. h. frische Gemüse brauchen eine wesentlich kürzere Garzeit als ältere. Nicht immer kann man jedoch eine frische Ware von einer vor Tagen geernteten unterscheiden. Unser Tip deshalb: Bleiben Sie mit den Garzeiten immer auf der knappen Seite. Mit der Mikrowelle ist es ja kein Problem, ein oder zwei Minuten nachzugaren.

Die Konsequenz aus unseren Erfahrungen mit der französischen Küche ist die: Die Mikrowelle ist die beste Küchenhilfe, die in den letzten Jahren zum Einsatz kam und eine ideale Ergänzung zum Herd. Doch bevor Sie sich jetzt ans Werk machen, noch einige technische Informationen und Tips, die Sie beachten sollten.

Was sind Mikrowellen?

Mikrowellen sind elektromagnetische Wellen, die mit den Rundfunk- und Fernschwellen oder dem Sonnenlicht eng verwandt sind. Sie übertragen drahtlos Energie. In den Haushaltsgeräten haben die Mikrowellen eine Frequenz von 2.450 Megahertz und eine Wellenlänge von ca. 12,3 cm. Sie durchdringen mühelos Papier, Holz, Glas oder Keramik, nur Metall ist ein absolutes Hindernis, weil es sie reflektiert.

Wie funktionieren Mikrowellen?

Im Mikrowellengerät werden die Wellen mit Hilfe eines Magnetrons aus elektrischer Energie erzeugt. Über Leiter und Reflektoren gelangen sie in den Garraum und werden dort gleichmäßig verteilt und — da Wände, Decke und Boden aus Metall sind, so lange reflektiert, bis sie auf Gargut treffen. Man sollte deshalb das Gerät nie ohne Gargut in Betrieb nehmen, weil dies unweigerlich eine Überhitzung zur Folge hätte, durch die das Gerät beschädigt werden könnte. Eine Glasplatte oder ein Drehteller, in geringem Abstand über dem Boden im Gerät angebracht, ermöglicht, daß die Wellen nicht nur von oben und von der Seite an das Gargut gelangen, sondern auch von unten.

Wie entsteht die Wärme?

Während bei der Wärmezufuhr auf dem „herkömmlichen“ Herd die Wärme von der Herdplatte über den Topfboden an das Gargut gelangt, also über Energie verbrauchende „Zwischenlieferanten“, gehen die Mikrowellen den direkten Weg durch die Gefäße hindurch in das Gargut: Sie erzeugen die Wärme direkt in den Speisen. Dies gelingt ihnen, weil sie deren Moleküle in rasende Schwingungen versetzen können, wodurch Reibungswärme entsteht, die sich schnell ausbreitet und so die Speise erhitzt und gart. Da die Wellen je nach Menge und Beschaffenheit der Speisen nicht überall gleichzeitig eindringen können, muß — wie beim normalen Elektroherd auch — umgerührt oder gewendet werden.

Vorteile der Mikrowelle

Da im Mikrowellenherd die Wärme direkt in der Speise erzeugt wird, kann weitestgehend auf die Zugabe von Wasser oder Fett verzichtet werden. Das verkürzt nicht nur die Garzeit, das Essen wird zudem bekömmlicher, Vitamine und Mineralstoffe — speziell bei Gemüsen wichtig — bleiben erhalten und werden nicht wie beim herkömmlichen Kochen durch Wasser ausgeschwemmt.

Scherben bringen Glück

Mikrowellengeschirr ist zerbrechlich, denn vorzugsweise wird es aus feuerfestem Glas, Porzellan oder Keramik hergestellt. Und natürlich ohne Metallverzierung: Platin-, Gold- und Silberdekore würden im Funkenzauber enden, es käme zu elektrischen Überschlägen. Auch Bleikristall übersteht den Aufenthalt im Mikrowellenherd nur selten.

Wer Zweifel hat, ob dieses oder jenes Geschirr mikrowellengeeignet ist, dem bleibt ein einfacher Test: Er stellt das fragliche Geschirr in das Gerät und schaltet es für 20 Sekunden auf höchster Stufe ein. Ist das Geschirr kalt oder lauwarm, ist es geeignet, ist es heiß, lieber nicht verwenden.

Weit verbreitet ist die Meinung, daß das Geschirr in der Mikrowelle nicht heiß würde, weil ja „nur“ das Essen erhitzt wird. Trotzdem empfehlen sich die altgedienten Topflappen, weil die heißen Speisen ihre Hitze natürlich an die Gefäße, in denen sie bereitet werden, weitergeben.

Sicher ist sicher

Mikrowellengeräte lassen sich nur bei geschlossener Tür einschalten. Öffnet man die Tür bei eingeschaltetem Gerät, schaltet es sich automatisch ab und kann erst wieder in Betrieb genommen werden, wenn die Tür zu ist. Mikrowellen können also bei sachgemäßer Benutzung nicht entweichen.

Energie sparen

Der Energieverbrauch der Mikrowellengeräte gegenüber herkömmlichen Kochstellen ist, unter Berücksichtigung der verringerten Garzeiten, bis zu 80 % niedriger.

Kruste aus der Mikrowelle?

So unbestritten die Leistungen der Mikrowellengeräte auch sind, die erste Generation hatte — wie bei allen technischen Neuentwicklungen — natürlich auch ihren Schönheitsfehler. Auftauen ging zwar in kürzester Zeit und aufgewärmte Speisen schmeckten wie frisch zubereitet, aber wo war die schöne braune Farbe vom Sonntagsbraten, von der Kruste gar nicht zu reden. Mit diesen Nachteilen machte die zweite Generation der Mikrowellengeräte Schluß. Sie wurde von der Industrie mit dem guten alten Backofen, mit Grill und mit Heißluft ausgestattet. Natürlich ist bei diesen „Kombi“-Geräten jeder Hersteller eigene Wege gegangen: Wo dem einen 600 Watt als Höchstleistung ausreichen, muß der andere 700 anbieten. Und schonend auftauen und garen kann man mit 70 oder auch 120 Watt. So kommt zum Kalorienzählen nun auch das Watt-Zählen.

Tips und Hinweise

In diesem Buch sind sowohl Gerichte für Mikrowelle solo als auch für Kombigeräte enthalten.

— Die angegebenen Zeiten sind Richtwerte, die bei Einhaltung der Mengen gute Ergebnisse bringen, und beziehen sich auf ein Mikrowellengerät mit 600 Watt Höchstleistung. Sollten Sie ein Gerät mit einer anderen Leistung verwenden, hier eine einfache Umrechnungsmethode: 10 Watt entsprechen etwa 6 Sekunden, d. h. 100 Watt einer Minute. Bei Mengenänderungen gilt als Faustregel: Doppelte Menge = doppelte Zeit, halbe Menge = halbe Zeit. Bemessen Sie die Garzeiten eher knapper, um ein Übergaren zu vermeiden. Lieber nachgaren.

— Wenn Sie eine Wattzahl auf Ihrem Gerät nicht einstellen können, dann nehmen Sie die nächst höhere und verkürzen entsprechend die Zeit.

— Stellen Sie das Gargut im Geschirr immer in die Mitte des Garraumes und halten Sie unbedingt einen Sicherheitsabstand von ringsherum 2 cm zu den Wänden ein.

— Tauen sie Tiefkühlgut immer mit der kleinsten Stufe auf, nämlich schonend und gleichmäßig.

— Fertiggerichte werden oft in Aluminiumverpackungen angeboten. Sind die Ränder nicht höher als 2 cm, so können sie zum Auftauen oder kurzzeitigen Erhitzen benutzt werden.

— Beim Erhitzen von Flüssigkeiten, besonders in hohen Gefäßen, einen Teelöffel hineinstellen, um heftiges Überkochen zu vermeiden.

— Zum Erwärmen werden Speisen (außer sie sind paniert oder haben eine Kruste) grundsätzlich mit Folie abgedeckt, damit sie nicht austrocknen. Stechen Sie die Abdeckfolie mehrmals ein, damit der entstehende Überdruck entweichen kann.

— Gute Garergebnisse hängen nicht nur von der Beschaffenheit der Speisen, sondern auch von ihrer Größe ab. Versuchen Sie also, alles in etwa gleich großen Stücken zu garen.

— Wenden Sie die Speisen beim Garen oder rühren Sie um. So erreichen Sie gleichmäßiges Garen. Nach dem Schließen der Gerätetür bitte nicht vergessen, die Starttaste zu drücken, das Gerät hat sich beim Öffnen automatisch abgeschaltet.

— Wenn Sie während eines Garvorganges Wasser nachgießen müssen, verwenden Sie warmes oder heißes, um den Garvorgang nicht zu unterbrechen.

— Fassen Sie nie mit bloßen Händen zu: Die heißen Speisen leiten ihre Hitze an die Gefäße, in denen sie zubereitet werden, weiter.

— Beachten Sie auf jeden Fall die Hinweise und Gebrauchsanleitungen des Herstellers Ihres Mikrowellengerätes.

Suppen, Vorspeisen und Salate

Zwiebelsuppe mit Crôutons

Für 2 Portionen ♦ 23 Min. ◇ keine ●

250 g Zwiebeln in dünnen Ringen
3 EL Butter
0,5 l Fleischbrühe, Salz, Pfeffer
0,125 l Weißwein (trocken)
2 cl Cognac
2 Scheiben junger Gouda in Streifen

Für die Crôutons:

200 g Weiß- oder Graubrot, ohne Rinde, klein gewürfelt
25 g Butter, Knoblauchsalz
2 TL gehackte Petersilie

Die Butter in einer flachen Schale bei 600 Watt in 35 Sekunden zerlassen und mit Petersilie und Knoblauchsalz vermischen. Die Brotwürfel in der Butter wälzen, gleichmäßig verteilen und 4 Minuten bei 600 Watt erhitzen. Viermal umdrehen.

Die Zwiebel mit der Butter 10 Minuten offen bei 600 Watt dünsten.

Den Wein und die Fleischbrühe hinzufügen, würzen mit Salz und Pfeffer und nochmals 5 Minuten garen.

Den Cognac einrühren, die Suppe auf zwei Tassen verteilen und mit dem Brot und dem Käse garnieren. Mit dem Umluft-Grill ca. 3 Minuten bei Stufe 2 überbacken, damit der Käse schmilzt und leicht bräunt.

Champignoncremesuppe

Champignoncremesuppe

Für 6 Portionen ♦ 23 Min. ◇ 1 Min.

400 g klein geschnittene Champignons
40 g Butter, 1 EL Mehl
1 l Hühnerbrühe, 0,15 l Sahne
0,15 l Weißwein (trocken)
1 fein gehackte Zwiebel
1/2 TL gemahlenen Koriander
Pfeffer, Salz, Petersilie

Die Zwiebel in der Butter in einer geschlossenen Schüssel bei 600 Watt in 4 1/2 Minuten weich dünsten.

Koriander und Champignons hineinrühren und weitere 8 Minuten garen.

Pürieren, mit dem Mehl gut vermischen und die Brühe dazugießen. Die Suppe bei 600 Watt in 7 Minuten zum Kochen bringen. Zwischendurch mehrmals umrühren. Anschließend den Wein dazugießen und nochmals 3 Minuten erhitzen.

Die Hälfte der Sahne dazugeben, pfeffern und salzen, gut umrühren. 1 Minute stehen lassen. Zum Servieren mit der restlichen Sahne und gehackter Petersilie garnieren. (Abbildung links)

Ramequin

Für 4 Portionen ♦ 8 Min. ◇ keine
8 Scheiben 1 cm dickes Weißbrot
8 dickere Scheiben Greyerzer Käse
2 Eier, 0,375 l Milch
frisch geriebene Muskatnuß, 1 Prise Salz
Butter für die Form

Weißbrot und Käse in eine mit Butter gefettete Auflaufform schichten, so daß der Käse das Brot überragt. Die Milch mit den Eiern, Muskat und Salz verquirlen und darübergießen. Bei 600 Watt 4 Minuten, anschließend bei 360 Watt 4 Minuten backen.

Klassische Vichysoise

Für 4 Portionen ♦ 18 Min. ◇ keine
250 g Kartoffeln in dünnen Scheiben
2 Stangen Lauch in dünnen Ringen
1 Zwiebel in feinen Würfeln
0,5 l Milch, 0,3 l Sahne, 2 EL Butter
2 TL gekörnte Geflügelbrühe, 1/4 TL Salz
frisch gemahlenen weißen Pfeffer
Schnittlauch in feinen Röllchen

Die Kartoffeln mit der gekörnten Brühe in 0,15 l heißem Wasser verrühren und bei 600 Watt in 10 Minuten weich kochen. Zwischendurch einmal umrühren. 0,15 l Sahne und 1 EL Butter einrühren.

Die restliche Butter mit dem Lauch und der Zwiebel in einer Schüssel bei 600 Watt zugedeckt in 8 Minuten garen. Nach 4 Minuten umrühren.

Die Lauchmischung mit den Kartoffeln und der Brühe, der restlichen Sahne und der Milch pürieren, mit Pfeffer und Salz abschmecken und mit Schnittlauch bestreut servieren.

Tomatensuppe

Für 4 Portionen ♦ 23 Min. ◇ keine
250 g enthäutete Tomaten in Vierteln
100 g Lauch in Ringen
50 g Sellerie in Würfeln
150 g Zwiebeln in feinen Scheiben
1 l heiße Brühe
4 Weißbrotscheiben ohne Rinde
1 EL Schweineschmalz
2 zerdrückte Knoblauchzehen
1 Zweiglein Petersilie
1/2 Lorbeerblatt, Salz
1 Messerspitze Thymian

Die Zwiebeln mit dem Schweineschmalz in einer Schüssel bei 600 Watt 7 Minuten dünsten, die Tomatenviertel und den Knoblauch dazugeben und ebenfalls bei 600 Watt 4 Minuten dünsten.

Petersilie und Lorbeerblatt, Lauch, Sellerie, Thymian und Salz hinzufügen und mit der heißen Brühe aufgießen. Zugedeckt bei 600 Watt in 5 Minuten zum Kochen bringen und bei 360 Watt in 5 Minuten garen. Die Weißbrotscheiben in Tassen legen, die fertige Suppe abschmecken, durch ein Sieb streichen und in die Tassen füllen.

Schinken-Mousse

Für 4 Portionen ♦ 7 Min. ◇ keine
200 g mageren gekochten Schinken
30 g geriebenen Parmesan
0,125 l Sahne, 1 TL Mehl
1/2 TL Paprika edelsüß
2 Eigelb, 2 steif geschlagene Eiweiß
2 cl Sherry
Butter für die Förmchen

Den Schinken zweimal durch den Fleischwolf drehen. Das Mehl in der Sahne gut verrühren und bei 600 Watt 3 Minuten erhitzen. Einmal umrühren.

Den Schinken und die Eigelb unterrühren, Sherry dazugeben und Eischnee unterheben. Die Schinkenmasse in vier mit Butter gefettete Förmchen geben, mit Parmesan und Paprika bestreuen und bei 600 Watt 3 1/2 Minuten garen.

Croque Monsieur

Für 4 Portionen ♦ 7 Min. ◇ keine
8 Scheiben dünnes Toastbrot
20 g Butter
4 Scheiben gekochten Schinken
4 Scheiben Emmentaler
4 Spiegeleier
1 TL Petersilie

Das Bräunungsgeschirr bei 600 Watt 2 Minuten vorheizen. 4 Toasts auf einer Seite mit Butter bestreichen, mit Schinken und Käse belegen und mit den übrigen 4 Toasts abdecken. Im Bräunungsgeschirr bei 600 Watt 5 Minuten garen. Mit vier herkömmlich gebratenen Spiegeleiern belegen und mit Petersilie garnieren.

Gefülltes Baguette

Für 4 Portionen ♦ 8 Min. ◇ keine ●
1 kleines der Länge nach halbiertes Baguette
2 enthäutete Fleischtomaten in kleinen Würfeln
1 Bund Frühlingszwiebeln fein geschnitten
200 g gekochten Schinken in Würfeln
150 g Emmentaler in kleinen Würfeln
Paprika edelsüß, Salz
frisch gemahlenen schwarzen Pfeffer

Das Baguette aushöhlen. Die ausgelöste Masse mit den Tomaten, den Zwiebeln, dem Schinken und dem Käse gut vermischen, mit Paprika, Pfeffer und Salz würzen und die Brothälften damit füllen. Die Baguettes auf einer Platte auf dem Rost in die obere Schiene der Mikrowelle schieben und bei 360 Watt und 3. Grillstufe 8 Minuten garen.

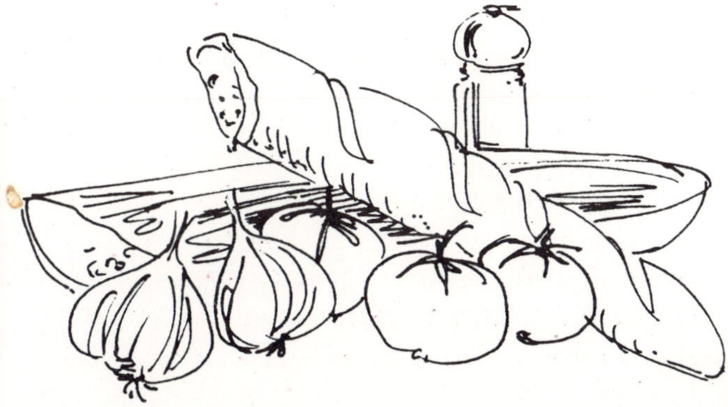

Vinaigrette-Tomaten

Für 4 Portionen ♦ 7 Min. ◇ keine
500 g feste Tomaten in 1 cm dicken Scheiben
3 Frühlingszwiebeln in feinen Ringen
8 EL Distelöl, 3 EL Essig
2 EL fein gehackte grüne Paprikaschote
1 EL Mango-Chutney
2 gehackte Knoblauchzehen
1/2 TL getrockneten Oregano
Pfeffer, Salz

Öl, Essig, Paprika, Mango-Chutney und Knoblauch vermischen und mit Oregano, Pfeffer und Salz abschmecken. Die Hälfte der Masse in eine rechteckige Schale geben. Die Tomatenscheiben darin schuppenförmig anordnen und mit der restlichen Marinade übergießen. Bei Zimmertemperatur zugedeckt 2 Stunden ziehen lassen. Anschließend mit den Frühlingszwiebeln bestreuen und 7 Minuten bei 600 Watt garen, so daß die Tomaten zwar heiß, aber nicht weich werden. Die Schale dabei einmal um 180° drehen.

Wildsuppe

Für 4 Portionen ♦ 21 Min. ◇ keine
0,75 l heiße Wildbrühe aus Knochen und Fleischresten
Wildreste (aus der Brühe)
40 g Mehl, 30 g Öl
1 Glas Burgunder, 3 EL süße Sahne
1 EL gehackte Zwiebel
1 Prise Paprika edelsüß
Pfeffer, Salz

Eine Bräunungsschüssel bei 600 Watt 9 Minuten vorheizen. Öl hineingeben und darin die Zwiebel und das Mehl bräunen lassen. Den Paprika und die Brühe dazugeben und alles mit dem Schneebesen gut durchschlagen. Zugedeckt bei 600 Watt 6 Minuten garen, die Wildreste zugeben und bei 360 Watt 6 Minuten weitergaren. Mit Salz, Pfeffer, Sahne und Burgunder abschmecken und servieren.

Folgende Doppelseite: Lauch-Kartoffel-Suppe (Rezept S. 14)

Lauch-Kartoffel-Suppe

Für 4 Portionen ♦ 21 Min. ◇ keine

400 g Kartoffeln in Würfeln
100 g gekochten Schinken in Würfeln
1 Stange Lauch in feinen Streifen
1 Zwiebel in feinen Würfeln
2 EL Butter, 0,15 l Sahne
0,375 l Gemüsebrühe
1 Glas Weißwein (trocken)
1 Lorbeerblatt
1 Zweig Thymian, 1 Zweig Majoran
frisch geriebene Muskatnuß, Zucker
frisch gemahlenen weißen Pfeffer, Salz
2 EL gehackte Petersilie

Die Kartoffeln in einer Schüssel mit der Butter, dem Lauch, der Zwiebel, dem Weißwein, dem Lorbeerblatt, Thymian und Majoran, Pfeffer und Salz nach Geschmack vermischen und bei 600 Watt 15 Minuten garen.

Die Gemüsebrühe dazugießen, den Schinken unterrühren und mit 1 Prise Zucker, Muskat, Pfeffer und Salz abschmecken. Die Sahne unterrühren und die Suppe bei 600 Watt 6 Minuten erhitzen. Zum Servieren mit der Petersilie bestreuen.
(Abbildung Seite 12/13)

Artischocken mit Zitronenbutter

Für 4 Portionen ♦ 19 Min. ◇ 4 Min.

4 Artischocken
200 g Butter, Salz
1 EL frisch gepreßten Zitronensaft

Die unteren Blätter der Artischocke entfernen, die Außenblätter stutzen und den Stiel so abschneiden, daß die Artischocke aufrecht steht. Die Spitze des Kopfs um 2 1/2 cm kürzen. Die Artischocken waschen und abtropfen lassen, rundum mit Zitronensaft bestreichen und mit 4 EL Wasser in einer zugedeckten Schüssel 16 Minuten bei 600 Watt garen. Die Schüssel einmal drehen. Anschließend 4 Minuten stehen lassen.

Die Butter in einer Schüssel in 2 1/2 Minuten bei 600 Watt zerlassen, mit Zitronensaft und Salz vermischen, über die Artischocken geben und servieren.

Salat Nizza

Für 4 Portionen

450 g enthäutete Tomaten in entkernten Vierteln
220 g Artischockenherzen in dünnen Scheiben
220 g Thunfisch (Dose) abgetropft, in Stücken
100 g Staudensellerieherz in dünnen Scheiben
100 g Gurke in dünnen Scheiben
50 g schwarze Oliven
8 eingeweichte und entsalzene Anchovisfilets (Dose)
4 hart gekochte Eier in Vierteln
1 Kopf grünen Salat
1 grüne Paprikaschote in dünnen Ringen
1 Zwiebel in Ringen
1 zerdrückte Knoblauchzehe

Für die Sauce:

7 EL Öl
4 fein gehackte Basilikumblätter
frisch gemahlenen weißen Pfeffer, Salz

Eine Salatschüssel mit der Knoblauchzehe ausreiben und mit Kopfsalatblättern auslegen. Auf den Boden der Schüssel die übrigen, vorher zerhackten Blätter legen, darüber eine Mischung aus Artischockenherzen, Staudensellerie und Gurke geben, dann die Tomaten, Paprika, Zwiebel, Eier, Oliven, Anchovis und den Thunfisch darüber verteilen.

Für die Sauce das Öl mit dem Basilikum, dem Pfeffer und dem Salz vermischen, über den Salat geben und sofort servieren.

Grüner Salat mit Bleu-de-Bresse-Sauce

Für 6 Portionen

2 Köpfe grünen Salat
50 g Bleu-de-Bresse-Käse
0,25 l Crème fraîche
Cayennepfeffer, Salz
frisch gemahlenen weißen Pfeffer

Die Crème fraîche mit dem Käse verrühren und durch ein Sieb streichen. Mit den Gewürzen abschmecken, über den geputzten und gewaschenen Salat geben und sofort servieren.

Rohes Gemüse

Für 8 Portionen

450 g junge Bohnen
2 Gurken in dünnen Scheiben
2 Fenchelknollen in Vierteln
1 Stück Staudensellerie in halbierten Stangen
8 kleine Artischocken ohne Außenblätter,
beträufelt mit 2 EL Zitronensaft
6 kleine grüne Paprikaschoten in Ringen
1 große rote Paprikaschote in Ringen
1 große gelbe Paprikaschote in Ringen
1 Bund Radieschen, 8 kleine Zwiebeln

Das Gemüse auf einer Platte möglichst bunt, z. B. in Form einer Blume anordnen. Dazu Anchovissauce oder eine Sauce mit Oliven, Anchovis und Kapern servieren.

Sauce mit Oliven, Anchovis und Kapern

Für 8 Portionen

250 g entkernte schwarze Oliven
150 g Anchovisfilets
3 EL Kapern, 9 EL Olivenöl
3 EL Cognac, 1/2 TL Senf
frisch gemahlenen schwarzen Pfeffer

Bis auf das Öl alle Zutaten im Mörser vermischen, dann mit dem Öl nach und nach zu einer dicken Paste verrühren. Abschmecken und servieren.

Karottencremesuppe

Für 4 Portionen ♦ 21 Min. ◇ keine

500 g frische Karotten in Würfeln
2 EL Margarine
1 Zwiebel in feinen Würfeln
1 Glas Weißwein (trocken)
0,5 l Gemüsebrühe
0,15 l Sahne, 2 Eigelb, Zucker
Cayennepfeffer
frisch gemahlenen weißen Pfeffer
Salz, Petersilie, Schnittlauch
8 Karottenscheiben

Die Karotten mit der Margarine, den Zwiebeln und dem Weißwein in einer Schüssel bei 600 Watt 9 Minuten garen.

Die Gemüsebrühe dazugießen, mit einer Prise Zucker, Cayennepfeffer, weißem Pfeffer und Salz nach Geschmack würzen und weitere 7 Minuten garen.

Die Suppe pürieren. Eigelb und Sahne verquirlen und unter die Suppe ziehen. Bei 600 Watt 5 Minuten kochen. Abschmecken und mit Petersilie, Schnittlauch und Karottenscheiben garniert servieren.
(Abbildung Seite 16)

Anchovissauce

Für 8 Portionen

20 Anchovis in Salzwasser
100 g Butter, 4 EL Olivenöl
6 Knoblauchzehen in Vierteln

Die Anchovis enthäuten und entgräten und mit fließendem kaltem Wasser abspülen. In Filets teilen und in dünne Streifen schneiden. Butter und Öl in einer Pfanne erhitzen und die Anchovis und den Knoblauch darin heiß werden lassen. Mit einem Holzlöffel zu einer Paste zerdrücken und heiß servieren.

Terrinen, Pasteten und Kuchen

Wildpastetchen

Für 4 Portionen ♦ 25 Min. ◊ keine ○

200 g Fleisch vom Wildschwein
60 g geräucherten Speck
300 g tiefgefrorenen Blätterteig
2 EL saure Sahne, 1 EL Cognac
1 Eigelb, 1 Eiweiß
1 Zwiebel in feinen Würfeln
1/2 TL Thymian, 2 EL gehackte Petersilie
frisch gemahlenen weißen Pfeffer, Salz

Den Blätterteig auftauen lassen. Das Fleisch abwaschen, abtrocknen und zusammen mit dem Speck nicht zu fein pürieren. Die Zwiebeln, den Thymian, die Petersilie, die saure Sahne und den Cognac dazugeben und nach Geschmack mit Pfeffer und Salz würzen.

Den Blätterteig auf 30 x 40 cm ausrollen und in Quadrate mit 10 cm Seitenlänge zerteilen. Das Fleischpüree in die Mitte der Quadrate geben und die Teigränder mit Eiweiß bestreichen. Die Teigplatten in der Mitte zusammenklappen und an den Rändern zusammendrücken. Die Pastetchen mit dem Eigelb bestreichen, auf ein kalt abgespültes Backblech legen und bei 90 Watt und 190° C Heißluft 25 Minuten backen.

Fleischterrine

Für 4 Portionen ♦ 35 Min. ◊ 10 Min. ○

500 g Schweinefilet
300 g gekochter Schinken
200 g rohes Kasseler ohne Knochen
12 Scheiben mageren Frühstücksspeck
2 fein gehackte Zwiebeln
0,15 l süße Sahne, 2 cl Cognac, 2 Eier
5 Lorbeerblätter
1 Prise frisch geriebene Muskatnuß
1/2 TL frisch gemahlenen weißen Pfeffer
1 1/2 TL Salz, 2 EL gehackte Kräuter
Butter für die Form

Das Schweinefilet waschen, abtrocknen, häuten und zusammen mit dem Schinken, dem Kasseler und den Zwiebeln zweimal durch den Fleischwolf lassen. Mit der Sahne, dem Cognac und den Eiern vermischen und mit Muskat, Pfeffer, Salz und gehackten Kräutern würzen. Den Boden einer mit Butter gefetteten Terrine mit den Lorbeerblättern auslegen, darüber die Speckscheiben so legen, daß sie über den Rand hängen, die Fleischmasse glatt einfüllen und die überhängenden Speckscheiben darüberlegen. Die Terrine bei 360 Watt und 150° C Heißluft 35 Minuten backen. 10 Minuten ruhen lassen. Zum Servieren stürzen und in Scheiben schneiden.
Geeignete Beilagen: Baguette und Bohnensalat

Karottencremesuppe

Gemüse-Geflügel-Terrine

Für 4 Portionen ♦ 26 Min. ◇ 10 Min.
400 g Putenbrust
250 g gekochter Schinken
150 g Broccoli in Röschen
150 g Möhren gestiftelt
100 g Zucchini in feinen Scheiben
0,3 l süße Sahne
2 steif geschlagene Eiweiß
Paprika rosenscharf, Cayennepfeffer
frisch gemahlenen schwarzen Pfeffer, Salz
Butter für die Form

Die Möhren in einer Schüssel bei 600 Watt zugedeckt 3 Minuten vorgaren, den Broccoli und die Zucchini zugeben und weitere 3 Minuten garen.

Die Putenbrust und den Schinken durch den Fleischwolf lassen, den Eischnee und die Sahne unterziehen und die Masse mit Paprika, Cayennepfeffer, schwarzem Pfeffer und Salz würzen. Einen Teil der Zucchini und Möhren in eine mit Butter gefettete Auflaufform legen und die Hälfte der Fleischmasse darübergeben. Glattstreichen, die Broccoliröschen in die Mitte legen und ringsherum das übrige Gemüse verteilen. Das restliche Fleisch vorsichtig darübergeben und bei 180 Watt zugedeckt 20 Minuten garen. 10 Minuten ruhen lassen, dann stürzen und servieren.

Kaninchenterrine mit Backpflaumen

Für 8 Portionen ♦ 36 Min. ◇ keine
2 kleine Kaninchen (ca. 1 kg) mit Leber
12 Backpflaumen
2 EL Cognac
40 g durchwachsenen Speck ohne Schwarte
in Würfeln
6 Scheiben durchwachsenen Speck
140 g Kalbsbrät, 1 Ei
frisch gemahlenen schwarzen Pfeffer, Salz
Butter für die Form
Lorbeerblätter, Thymianblätter
Für die Marinade:
1 l Rotwein (trocken), 3 EL Cognac, 2 EL Öl
1 fein gehackte Karotte
1 fein gehackte Zwiebel
1 fein gehackte Knoblauchzehe
6 ganze Gewürznelken, 1 Lorbeerblatt
1 Zweig Thymian, 1 Zweig Estragon
frisch gemahlenen schwarzen Pfeffer, Salz

Die Kaninchen zerwirken und in eine Schüssel legen. Die Marinade anrühren (2 Gläser Wein für später aufheben), die Kaninchenteile damit begießen und zugedeckt 24 Stunden darin ziehen lassen. Zwischendurch immer wieder umdrehen und mit der Marinade übergießen.

Die Backpflaumen mit dem restlichen Wein 24 Stunden quellen lassen.

Die Kaninchenstücke aus der Marinade nehmen, das Fleisch von den Knochen lösen und - außer den Filets - mit den beiden Lebern zusammen fein hacken. Die Masse mit den Speckwürfeln, dem Kalbsbrät, dem Ei, Gewürzen nach Geschmack, Pfeffer, Salz und Cognac verkneten. Die Pflaumen aus dem Wein nehmen und abtropfen lassen.

Die Speckscheiben bis auf zwei in einer mit Butter gefetteten 11/2-Liter-Terrine auslegen und darauf eine Schicht der Fleischmasse andrücken. Einen Teil der Filets und einige Pflaumen darauf verteilen. Die Schichten (Fleisch / Filets und Pflaumen) wiederholen, bis die Zutaten aufgebraucht sind und mit einer Fleischschicht abschließen. Die Masse gut festdrücken und mit einem Holzspießchen einige Male in die Oberfläche einstechen. Langsam 1 Glas der abgeseihten Marinade vorsichtig darübergießen und das Ganze mit den beiden übrigen Speckscheiben abdecken. Die Terrine zugedeckt bei 600 Watt 6 Minuten angaren, dann bei 360 Watt 25 bis 30 Minuten weitergaren.

Die Speckscheiben entfernen, eventuell vorhandene Flüssigkeit abgießen und die Terrine mit einem Holzbrett und Gewichten darauf abdecken. Mindestens 24 Stunden kalt stellen. Zum Servieren auf eine Platte stürzen und mit den Lorbeer- und Thymianblättern garnieren.

Geflügelleberterrine "Bresse"

Für 4 Portionen ♦ 20 Min. ◇ keine

400 g Geflügelleber
200 g Doppelrahmkäse mit Kräutern
2 EL Sherry, 2 EL Butter
1 fein gehackte Zwiebel
1 fein gehackte Knoblauchzehe
1/4 TL Senf, 1 Prise Majoran
frisch gemahlenen weißen Pfeffer, Salz
Petersilie

Die Geflügelleber mit dem Sherry, der Butter, der Zwiebel und dem Senf vermischen, mit Majoran, Pfeffer und Salz würzen und bei 600 Watt 6 Minuten andünsten, umrühren und bei 360 Watt weitere 6 Minuten garen.

Die Leber mit der entstandenen Brühe und dem Knoblauch pürieren. Den Käse bei 360 Watt in 1 1/2 Minuten sehr weich werden lassen und die Hälfte mit dem Leberpüree vermengen und mit Pfeffer und Salz würzen. Die Masse in eine mit Klarsichtfolie ausgelegte Schüssel füllen und zugedeckt 6 Stunden kalt stellen.

Zum Servieren auf einen Teller stürzen und mit der restlichen Käsemasse bestreichen. Nochmals eine halbe Stunde kalt stellen. Mit Petersilienblättern verzieren und servieren.

Hechtpastete

Für 2 Portionen ♦ 10 Min. ◇ 5 Min.

350 g grätenfreies rohes Hechtfleisch
0,25 l kalte Béchamelsauce
0,125 l saure Sahne, 1 EL Butter
1 Ei, 2 Eigelb, Salz
2 TL fein gehackte Petersilie
Butter und Semmelbrösel für die Form

Für die Béchamelsauce:

0,25 l Milch, 20 g Butter, 15 g Mehl
1/2 TL scharfen Senf
frisch geriebene Muskatnuß, Salz
frisch gemahlenen weißen Pfeffer

Für die Sauce die Butter bei 180 Watt in 1 Minute schmelzen, mit dem Mehl vermischen und 15 Sekunden bei gleicher Leistung erhitzen.

Die Milch in einer Schüssel bei 600 Watt 11/2 Minuten erhitzen und mit einem Schneebesen unter die Butter-Mehl-Mischung schlagen. Bei 360 Watt die Sauce in 1 1/2 Minuten garen. Zwischendurch einmal umrühren. Anschließend mit Senf, Muskat, Pfeffer und Salz abschmecken.

Das Hechtfleisch zweimal durch den Fleischwolf lassen und mit Salz und der Béchamelsauce gut vermengen. Die Masse mit der Sahne, dem Ei und den Eigelb verrühren und in eine mit Butter gefettete und mit Semmelbröseln ausgestreute Puddingform füllen. Bei 180 Watt 6 Minuten garen. 5 Minuten stehen lassen. Zum Servieren mit in Butter gerösteter Petersilie bestreuen.

Tip: Bei den Terrinen bitte nicht vergessen, die Form während des Einfüllens immer wieder auf der Arbeitsfläche aufzustoßen, um Luftblasen zu verhindern.

Spargel-Quiche

Für 4 Portionen ♦ 30 Min. ◊ 10 Min.

200 g Mehl, 150 g Butter, 1/2 TL Salz
Butter für die Form
Für den Belag:
200 g gekochten Schinken, davon 10 Streifen zum Garnieren, Rest in Würfeln
200 g Crème fraîche
50 g geraspelten Gruyère de comté
10 vorgekochte Spargelstangen
0,2 l Milch, 6 Eier
frisch gemahlenen weißen Pfeffer, Salz

Die Butter in einer Schüssel bei 600 Watt in 2 Minuten schmelzen und mit dem Mehl, 4 EL Wasser und dem Salz verkneten. In eine mit Butter gefettete Springform geben, den Boden mehrmals mit einer Gabel einstechen und einen 2 cm hohen Rand formen. Kühl stellen.

Die Spargelstangen auf 12 cm Länge kürzen. Die abgeschnittenen Enden zusammen mit dem Schinken auf dem Teig verteilen. Den Käse mit der Crème fraîche, der Milch und den Eiern verrühren und mit Pfeffer und Salz würzen. Bei 600 Watt zugedeckt 5 Minuten erhitzen, zwischendurch zweimal umrühren. Durchrühren und auf den Teig gießen.

Die Quiche auf den Rost in der unteren Schiene der Mikrowelle geben. Bei 360 Watt 18 Minuten garen, dabei die Form mehrmals um 180° drehen. Die Quiche mit den Spargelstangen und Schinkenstreifen garnieren und weitere 5 Minuten garen. 10 Minuten ruhen lassen.

Zucchinitarte

Für 4 Portionen ♦ 30 Min. ◊ keine ○

750 g Zucchini geraspelt
50 g geriebenen Emmentaler
50 g Butter, 5 Eier
1 Zwiebel in feinen Würfeln
2 gehäufte EL Mehl
2 gehäufte EL Speisestärke
1 EL gehackte Petersilie
1 EL gehackter Dill, 0,1 l saure Sahne
1/2 TL Paprikapulver
frisch gemahlenen weißen Pfeffer, Salz
Margarine für die Form

Die Zucchini und die Zwiebel mit Salz würzen, umrühren und ca. eine Viertelstunde ziehen lassen. Die Flüssigkeit abgießen und das Gemüse gut ausdrücken. Mit den übrigen Zutaten außer dem Käse gut vermischen. Eine Pizzaform mit etwas Margarine einfetten, die Masse hineinfüllen und mit dem Käse bestreuen. In der Mikrowelle bei 600 Watt und Heißluft mit 180° C 30 Minuten backen, bis die Tarte goldbraun ist.

Lachsterrine mit Krabben "Côte d'Or"

Für 6 Portionen ♦ 18 Min. ◊ keine

500 g Lachsfilets
400 g Schollenfilets
75 g Krabbenfleisch
200 g Schlagsahne
150 g Sahnejoghurt, 3 EL Mayonnaise
3 EL Weißwein (trocken)
1 Eiweiß, Zitronensaft
1 TL Schale einer ungespritzten Zitrone, abgerieben
1 Bund Dill fein gehackt
1/2 Bund Zitronenmelisse fein gehackt
Zucker, Salz
frisch gemahlenen weißen Pfeffer
Butter für die Form

Die Schollenfilets vorsichtig waschen, abtrocknen, mit Zitronensaft beträufeln und 10 Minuten kühl stellen. Den Lachs ebenfalls waschen und abtrocknen, dann in Stükke zerteilen und pürieren. Die Sahne, das Eiweiß und 2 EL Zitronensaft zugeben, pfeffern und salzen. Das Krabbenfleisch unterheben, die Masse halbieren und die eine Hälfte mit dem Dill vermengen. Die Schollenfilets in einer mit Butter gefetteten Terrine auslegen, die zwei Fischmassen abwechselnd darüber schichten und die Enden der Schollenfilets darüberschlagen. Mit Weißwein beträufeln und bei 360 Watt zugedeckt 18 Minuten garen.

Für die Sauce den Sahnejoghurt mit der Mayonnaise, der Zitronenschale, 1 EL Zitronensaft und der Zitronenmelisse gut verrühren und mit Zucker, Pfeffer und Salz würzen. Zum Servieren die Terrine stürzen und in Scheiben schneiden.

Leberterrine mit Spinat

Für 4 Portionen ♦ 23 Min. ◊ 5 Min.

250 g Kalbsleber
100 g Schweinefleisch
250 g Kalbfleisch
300 g tiefgekühlten Spinat, aufgetaut und fein gehackt
8 Scheiben durchwachsenen Speck ohne Schwarte
2 EL Portwein, 2 EL Sahne
1 verquirltes Ei
2 gehackte Knoblauchzehen
1 TL gemischte Kräuter
1 Prise frisch geriebene Muskatnuß, Salz
frisch gemahlenen weißen Pfeffer

Die Kalbsleber, das Schweine- und das Kalbfleisch durch den Fleischwolf lassen und in einer Schüssel mit dem Portwein, der Sahne, dem Ei, dem Knoblauch, den gemischten Kräutern, Muskat, Pfeffer und Salz gut vermischen. Eine 1-Liter-Terrine mit den Speckscheiben auslegen und die Hälfte der Fleischmasse darübergeben. Den Spinat ausdrücken, mit Muskat, Pfeffer und Salz würzen und über die Fleischmasse geben. Zum Abschluß die restliche Fleischmasse daraufgeben und glattstreichen. Überhängende Speckscheiben darüberklappen. Bei 360 Watt 15 Minuten garen, dann 5 Minuten stehen lassen und nochmals bei gleicher Leistung 8 Minuten garen. Abkühlen lassen und kaltstellen. Zum Servieren stürzen und in Scheiben schneiden.

Lachsterrine “Filets de Sole“

Für 6 Portionen ♦ 30 Min. ◊ 5 Min. ○

500 g Lachsfilet
8 Seezungenfilets
0,25 ml süße Sahne, 1 Eiweiß
3 schwarze Trüffel in Würfeln
1 Prise Paprika, 1 Prise Cayennepfeffer
frisch gemahlenen weißen Pfeffer, Salz
1 Bund Dillspitzen

Das Lachsfilet waschen, abtrocknen und pürieren. Mit der Sahne und dem Eiweiß vermengen und mit Paprika, Cayennepfeffer, weißem Pfeffer und Salz würzen. Die Trüffel unterziehen und die Lachsmasse in eine mit den Seezungenfilets ausgelegte Terrine füllen, mit den Filetenden umwickeln. Bei 90 Watt und 150° C Heißluft 30 Minuten garen. 5 Minuten ruhen lassen. Dann eventuell vorhandene Flüssigkeit abgießen, die Terrine auf eine Platte stürzen und mit Dillspitzen garniert servieren.
Geeignete Beilagen: Reis und Salat

Schinken-Pilz-Terrine

Für 6 Portionen ♦ 8 Min. ◊ keine

350 g fein gehackten, gekochten Schinken
50 g gehackte Champignons
2 verquirlte Eier
1 TL Schale einer ungespritzten Orange abgerieben
1 fein gehackte Zwiebel
1 zerstoßene Knoblauchzehe
2 EL gehackte Petersilie, Fenchelkraut
1 Prise frisch geriebene Muskatnuß

Die Zutaten alle in einer Schüssel gut vermischen und in einer Kastenform bei 600 Watt 8 Minuten garen. Zwischendurch die Form einmal umdrehen. Mindestens 2 Stunden abkühlen lassen. Zum Servieren stürzen und mit Fenchelkraut verzieren.

Quiche lorraine

Für 4 Portionen ♦ 25 Min. ◇ keine ↔

200 g Mehl, 150 g Butter, 1/2 TL Salz
Butter für die Form
Für den Belag:
250 g geriebenen Gruyère
200 g rohen Schinken in Streifen
200 g Crème fraîche, 4 Eier
frisch geriebene Muskatnuß, Salz
frisch gemahlenen schwarzen Pfeffer

Die Butter in einer Schüssel bei 600 Watt in 2 Minuten schmelzen und mit dem Mehl, 4 EL Wasser und dem Salz verkneten. In eine mit Butter gefettete Springform geben, den Teigboden mehrmals mit einer Gabel einstechen und einen 2 cm hohen Rand formen. Kühl stellen.

Den Käse mit dem Schinken, der Crème fraîche und den Eiern verrühren und mit Muskat, Pfeffer und Salz würzen. Auf dem Teig verteilen und auf den Rost in der unteren Schiene der Mikrowelle geben. Bei 360 Watt und 200° C Ober- und Unterhitze 23 Minuten backen.

Elsäßer Zwiebelkuchen

Für 4 Portionen ♦ 30 Min. ◇ keine ↔

200 g Mehl, 150 g Butter, 1/2 TL Salz
Butter für die Form
Für den Belag:
1 kg Zwiebeln in dünnen Scheiben
0,2 l Milch, 0,2 l Sahne, 50 g Butter
2 Eier, 2 Eigelb
frisch geriebene Muskatnuß, Salz
frisch gemahlenen weißen Pfeffer

Die Butter in einer Schüssel bei 600 Watt in 2 Minuten schmelzen und mit dem Mehl, 4 EL Wasser und dem Salz verkneten. In eine mit Butter gefettete Springform geben, den Boden mit einer Gabel mehrmals einstechen und einen 2 cm hohen Rand formen. Kühl stellen.

Die Zwiebeln in der Butter bei 600 Watt zugedeckt 5 Minuten andünsten, pfeffern und salzen und auf dem Teig verteilen. Die Milch mit der Sahne, den Eiern und den Eigelb verrühren, mit Muskat, Pfeffer und Salz würzen und über die Zwiebeln gießen. Die Form auf den Rost in der unteren Schiene der Mikrowelle geben und bei 360 Watt und 200° C Ober- und Unterhitze 23 Minuten backen.

Bleu-de-Bresse-Quiche

Für 4 Portionen ♦ 35 Min. ◇ 5 Min. ○

200 g Bleu-de-Bresse-Käse
350 g Champignons in Scheiben
200 g Weizenmehl
100 g Margarine in Flocken
50 g gemahlene Haselnüsse
2 Eigelb, 1 Ei
2 cl Cognac, 0,15 l süße Sahne
2 EL gehackte Petersilie, 1/2 TL Salz
frisch gemahlenen weißen Pfeffer
Butter für die Form

Mehl, Salz, Ei und 3 EL Wasser in einer Schüssel mit den Margarineflocken verkneten. Den glatten Teig für 20 Minuten kühl stellen. Dann auf einer bemehlten Arbeitsfläche ausrollen, in eine mit Butter eingefettete Pizzaform geben und einen 2 cm hohen Rand ziehen. Den Boden mit einer Gabel mehrmals einstechen. Die Champignons auf dem Teig verteilen, mit gehackter Petersilie bestreuen und pfeffern. Den Bleu-de-Bresse mit den Eigelb, dem Cognac, der Sahne und den Haselnüssen verrühren und über die Champignons geben. Bei 90 Watt und zusätzlich 180° C Heißluft in 35 Minuten backen. Noch 5 Minuten im Gerät stehen lassen und servieren.

Fleisch, Geflügel und Wild

Rinderbraten in Burgundersauce

Für 6 Portionen ♦ 65 Min. ◇ 10 Min. ↔

1,2 kg Rinderbraten
100 g Frühstücksspeck in dünnen Scheiben
100 g Möhren in Scheiben
100 g Knollensellerie in Würfeln
0,3 l Burgunder
5 EL Öl
2 grob gehackte kleine rote Zwiebeln
2 grob gehackte Knoblauchzehen
2 Bund Petersilie fein gehackt
frisch gemahlenen schwarzen Pfeffer, Salz

Das Fleisch waschen, abtrocknen, pfeffern und salzen. 1 EL Öl in eine Schüssel geben, das Fleisch hineinlegen und mit dem restlichen Öl bestreichen. Den Speck darauflegen und die Schüssel auf den Rost in der unteren Schiene der Mikrowelle stellen. Bei 200° C Ober- und Unterhitze und 360 Watt 1 Stunde braten. Nach 30 Minuten die Möhren, den Sellerie, die Zwiebeln und die Knoblauchzehen zugeben. Nach weiteren 10 Minuten die Petersilie, 0,15 l Burgunder und 0,2 l Wasser hineingeben und den Speck herausnehmen. Den Braten mit Alufolie abgedeckt ruhen lassen.

Den Bratfond in eine Schüssel abseihen, den restlichen Burgunder dazugießen und bei 600 Watt 5 Minuten kochen. Die Sauce nach Geschmack pfeffern und salzen.

Boeuf à la Bourguignonne

Für 4 Portionen ♦ 42 Min. ◇ 5 Min.

700 g Lendensteak in 1/2 cm breiten Streifen
250 g Champignons in Scheiben
75 g durchwachsenen Speck in feinen Würfeln
2 EL Mehl, 1 Möhre in Scheiben
4 kleine gehackte Zwiebeln
1 gehackte Knoblauchzehe
0,25 l Burgunder
0,125 l heiße Rinderbrühe
1 Lorbeerblatt, 1/4 TL Thymian, 1 TL Salz
1 EL fein gehackte Petersilie
1/4 TL frisch gemahlenen weißen Pfeffer

In einer Schüssel den Speck bei 600 Watt 5 Minuten braten. Zwischendurch einmal umrühren.

Die Fleischstreifen mit dem Mehl bestreuen, vermischen und mit den Champignons, der Möhre, den Zwiebeln und dem Knoblauch zum Speck geben. Wein, Brühe, Lorbeerblatt, Thymian und Petersilie verrühren, mit Salz und Pfeffer abschmecken und dazugießen. Zugedeckt zuerst 7 Minuten bei 600 Watt, dann 30 Minuten bei 360 Watt garen. Zwischendurch einmal umrühren. 5 Minuten stehen lassen. Zum Servieren das Lorbeerblatt entfernen.
Geeignete Beilagen: Salzkartoffeln

Roastbeef mit Sauce béarnaise

Für 6 Portionen ♦ 32 Min. ◇ 10 Min. ↔

1,2 kg Roastbeef
5 EL Distelöl
1 Knoblauchzehe
1 Bund Basilikum fein zerkleinert
1 Bund Petersilie fein zerkleinert
1 Bund Schnittlauch fein zerkleinert
frisch gemahlenen Zitronenpfeffer
Für die Sauce:
150 g Butter, 3 Eigelb
3 EL Weißwein (trocken)
3 EL Fleischbrühe
2 EL Estragonessig
3 fein gehackte Schalotten
3 Zweige Estragon fein gehackt
3 Zweige Kerbel fein gehackt
Cayennepfeffer
frisch gemahlenen weißen Pfeffer, Salz

Die Knoblauchzehe in das Öl zerpressen und mit Basilikum, Petersilie, Schnittlauch und Zitronenpfeffer vermischen. Das Fleisch waschen und abtrocknen, in die Marinade legen und damit ringsherum bepinseln. Zudecken und für 12 Stunden in den Kühlschrank stellen. Zwischendurch umdrehen und wieder bepinseln.

Für die Sauce das Estragon und den Kerbel (jeweils 1 TL für später aufheben) mit dem Wein, der Brühe, dem Essig, den Schalotten und 1 Prise Pfeffer verrühren und 4 Minuten bei 600 Watt kochen. Abkühlen lassen und durchseihen.

Das Roastbeef abtrocknen, mit der Fettseite nach oben auf den Rost mit der Fettpfanne legen und in der mittleren Schiene der Mikrowelle 25 Minuten bei 180 Watt und 220° C Ober- und Unterhitze braten. Anschließend 10 Minuten in Alufolie eingewickelt ruhen lassen.

Die Butter in einer Schüssel bei 600 Watt in 1 1/2 Minuten schmelzen. Die Eigelb gut mit der durchgeseihten Kräutersauce vermischen, die abgekühlte Butter unterrühren und alles schaumig schlagen. Bei 600 Watt in 1 Minute eindicken. Gut durchrühren, das übrige Estragon und den Kerbel dazugeben und mit Cayennepfeffer und Salz abschmecken. Roastbeef aufschneiden, mit der Sauce übergießen und servieren.
Geeignete Beilagen: Kroketten und buntes Gemüse

Marinierter Rinderbraten

Für 4 Portionen ♦ 37 Min. ◇ keine ↔

1 kg durchwachsenes Rindfleisch
8 EL Öl
0,25 l Weißwein (trocken)
5 Wacholderbeeren zerdrückt
3 Lorbeerblätter gebrochen
1/2 TL Muskat, 1/2 TL Piment
1/2 TL Cayennepfeffer
Für die Sauce:
0,5 l Weißwein (trocken)
Zitronensaft
2 EL Mehl
frisch gemahlenen weißen Pfeffer, Salz
1 EL gehackte Petersilie

Für die Marinade das Öl mit 0,25 l Wein, den Wacholderbeeren, den Lorbeerblättern, Muskat, Piment und Cayennepfeffer mischen, das Fleisch hineinlegen und damit begießen. Zudecken und für 6 Stunden kühl stellen. Zwischendurch das Fleisch umdrehen und wieder begießen.

Die Marinade zu 1/4 in ein Bratgeschirr abseihen, das Fleisch hineinlegen und auf den Rost in der 2. Schiene der Mikrowelle stellen. Bei 360 Watt und 210° C Ober- und Unterhitze 25 Minuten braten, einmal wenden. Anschließend 10 Minuten bei 50° C (ohne Mikrowelle) ruhen lassen.

Für die Sauce den Bratenfond mit dem Weißwein lösen. Mehl gut unterrühren und das Ganze bei 600 Watt kurz aufkochen. Mit Zitronensaft, Pfeffer und Salz abschmecken und mit Petersilie bestreuen.
(Abbildung rechts)

Marinierter Rinderbraten

Kalbsschmorbraten "Languedoc"

Für 2 Portionen ♦ 31 Min. ◇ keine

400 g Kalbfleisch
50 g halbierte und entkernte blaue Weintrauben
50 g Silberzwiebeln
0,125 l Rotwein (trocken)
1 EL Kokosfett
4 EL Crème double
1/2 TL Schale einer ungespritzten Zitrone, abgerieben
2 Möhren in feinen Würfeln
1 große Zwiebel in kleinen Würfeln
1 Knoblauchzehe
1 Zweig Estragon, 1 Zweig Thymian
frisch gemahlenen weißen Pfeffer, Salz

Das Kalbfleisch abwaschen, abtrocknen, pfeffern und salzen. Die Knoblauchzehe mit 1 TL Salz zu einer Paste zerreiben, mit der Zitronenschale vermischen und auf das Kalbfleisch auftragen. Das Fleisch mit dem Thymian und dem Estragon in ein Steingutgefäß geben, den Rotwein dazugießen und das Gefäß mit einem Deckel verschließen.

Nach 2 Tagen das Fleisch herausnehmen, abtrocknen, pfeffern und salzen. Ein Bräunungsgeschirr bei 600 Watt 8 Minuten vorheizen, das Fleisch mit dem Kokosfett hineingeben und zugedeckt bei 600 Watt 6 Minuten anbraten. Nach 3 Minuten wenden.

Die Möhren und die Zwiebel dazugeben und zugedeckt bei 360 Watt 12 Minuten garen. Die Silberzwiebeln, Weintrauben und die restliche Marinade hinzufügen, die Crème double einrühren und alles zugedeckt bei 600 Watt 5 Minuten erhitzen. Nach Geschmack nachwürzen. Zum Servieren den Kalbsbraten in Scheiben schneiden und mit der Sauce übergießen.

Burgunder Gemüseschinken

Für 4 Portionen ♦ 23 Min. ◇ keine

4 Scheiben gekochten Schinken à 200 g
200 g kleine Champignons
100 g Sellerie in feinen Streifen
100 g Lauch in feinen Streifen
100 g Möhren in feinen Streifen
1 Zwiebel in feinen Würfeln
2 EL Butter, 1 EL Tomatenmark
4 EL Crème fraîche, Zitronensaft
0,375 l gebundene Bratensauce
1 Glas Rotwein (trocken)
1 TL Kräuter der Provence
Zucker, Cayennepfeffer
frisch gemahlenen schwarzen Pfeffer, Salz
3 EL Schnittlauch in Röllchen

Die Zwiebeln, den Sellerie, den Lauch und die Möhren mit dem Rotwein und der Butter in einer Schüssel bei 600 Watt 8 Minuten garen.

Die geputzten und gewaschenen Champignons halbieren, mit Zitronensaft beträufeln und zusammen mit den Kräutern der Provence dazugeben und in 5 Minuten bei 600 Watt fertig garen.

Das Tomatenmark, die Crème fraîche und die Bratensauce verrühren und dazugießen. Die Schinkenscheiben hineinlegen und 10 Minuten bei 600 Watt garen. Die Schinkenscheiben herausnehmen und die Sauce nach Geschmack mit Zucker, Cayennepfeffer, schwarzem Pfeffer und Salz würzen und über den Schinken geben. Mit Schnittlauch bestreuen und servieren.

Provenzalische Lammkoteletts

Für 4 Portionen ♦ 15 Min. ◇ 5 Min.

4 Lammkoteletts
2 EL Olivenöl
1/2 TL Kräuter der Provence
frisch gemahlenen schwarzen Pfeffer, Salz

Aus dem Olivenöl, den Kräutern der Provence, Pfeffer und Salz eine Marinade rühren. Die Koteletts waschen, abtrocknen, in die Marinade legen und damit bepinseln. Für 6 Stunden kühl stellen. Das Fleisch zwischendurch wenden und wieder bepinseln.

Ein Bräunungsgeschirr bei 600 Watt 5 Minuten vorheizen, die Koteletts hineingeben und bei 600 Watt 5 Minuten anbraten.

Die Koteletts umordnen und wenden, mit Marinade bepinseln und nochmal 5 Minuten bei 600 Watt braten. Zudecken und 5 Minuten ruhen lassen.

Filet Orange

Für 4 Portionen ♦ 14 Min. ◇ keine

4 Kalbsfilets à 200 g
200 g Orangenfilets
1 EL Schale einer ungespritzten Orange, abgerieben
2 EL Butterschmalz, 1 EL Butter
1 EL Speisestärke, 0,15 l Sahne
0,125 l Fleischbrühe
0,125 l Sherry (trocken)
2 cl Cognac
1 Zwiebel in feinen Würfeln
2 Frühlingszwiebeln in feinen Würfeln
3 EL gehackte Pfefferminze
1 EL grüne Pfefferkörner
1 Prise Zucker, 1 Prise Ingwerpulver
1 Prise Cayennepfeffer
frisch gemahlenen weißen Pfeffer, Salz

In einer Pfanne das Butterschmalz erhitzen und die gewaschenen und abgetrockneten Kalbsfilets darin braten. Pfeffern und salzen, mit dem Cognac beträufeln und flambieren.

Die Fleischbrühe in eine Schüssel geben, die Butter, die Frühlingszwiebeln und die Zwiebel hinzufügen und bei 600 Watt 6 Minuten garen.

Die Pfefferkörner, die Orangenfilets und die Orangenschale hineingeben, Sherry dazugießen und weitere 4 Minuten kochen.

Die Speisestärke in der Sahne verrühren, die Sahne dazugießen und nochmals 4 Minuten bei 600 Watt kochen.

Mit Zucker, Ingwerpulver, Cayennepfeffer, weißem Pfeffer und Salz würzen und die Minze dazugeben. Zum Servieren die Kalbsfilets mit der Sauce übergießen.

Calvadosrouladen

Für 2 Portionen ♦ 28 Min. ◇ keine

2 Schweinerouladen
2 Scheiben Frühstücksspeck
2 Scheiben Gruyère
1 Stange Lauch in dünnen Ringen
1 Apfel in feinen Scheiben
1 EL Butterschmalz
50 ml Weißwein (trocken)
2 cl Calvados, 0,15 l Schlagsahne
1 Zwiebel in feinen Würfeln
1 TL mittelscharfen Senf
1 TL Tomatenmark
1 TL Kräuter der Provence
2 EL gehackten Estragon
1 Prise Curry
frisch gemahlenen weißen Pfeffer, Salz

Die Rouladen waschen, abtrocknen, pfeffern und salzen. Das Tomatenmark mit dem Curry und dem Senf vermischen und auf die Rouladen streichen. Mit dem Frühstücksspeck und dem Käse belegen und etwas von dem mit dem Apfel, der Zwiebel und den Kräutern der Provence gemischten Lauch darauf verteilen. Die Rouladen zusammenrollen, mit Zahnstochern (keine Metallklammern!) feststecken und mit dem Butterschmalz in einer Schüssel bei 600 Watt 6 Minuten anbraten. Einmal umdrehen.

Die restliche Lauchmischung mit dem Wein dazugeben und bei 360 Watt zugedeckt 18 Minuten weitergaren.

Den Calvados und das Estragon mit der Schlagsahne vermischen, über die Rouladen gießen und zugedeckt bei 600 Watt nochmals 4 Minuten erhitzen. Die Rouladen anrichten, die Sauce nach Geschmack nachwürzen und die Roulade mit der Sauce servieren.

Wildschweinrücken

Für 4 Portionen ♦ 75 Min. ◊ 15 Min. ○

2,5 kg Wildschweinrücken
40 g Butter
0,25 l Blauburgunder
0,25 l heiße Fleischbrühe
0,15 l saure Sahne, 2 EL Speisestärke
2 EL Öl
2 EL Preiselbeeren
2 Zwiebeln in Würfeln
2 Bund Suppengrün klein geschnitten
1 EL Kräuter der Provence
Gewürznelken
frisch gemahlenen weißen Pfeffer, Salz

Für die Beize:

1 l Buttermilch
2 zerdrückte Wacholderbeeren
1 Möhre in Scheiben, 2 kleine Zwiebeln in Vierteln
1 Lorbeerblatt, 2 Nelken

Den Wildschweinrücken kalt abspülen und gut abtrocknen. Mit einem scharfen Messer die Schwarte entfernen. Den Wildschweinrücken in die Buttermilch legen und die Zutaten für die Beize dazugeben. Das Fleisch zwei Tage in der Beize liegen lassen (es muß immer mit Buttermilch bedeckt sein), öfters wenden. Herausnehmen und abtrocknen.

Das Öl mit Kräutern der Provence und Gewürzen verrühren, das Fleisch damit einreiben und mit den Gewürznelken spicken. Den Braten in eine Bratform legen und bei 90 Watt und 170° C Heißluft in ca. 70 Minuten braten. Zwischendurch einmal wenden, die Gemüsezutaten hinzufügen, die heiße Fleischbrühe angießen und Butterflöckchen aufsetzen.

Den Wildschweinbraten auf einer vorgewärmten Platte mit Alufolie abgedeckt 15 Minuten ruhen lassen. Den Fond durch ein Sieb streichen, wieder in die Form geben und mit den Preiselbeeren und dem Blauburgunder verrühren. Die Speisestärke mit der sauren Sahne verrühren, zur Sauce geben und gut umrühren. Bei 600 Watt 5 Minuten aufkochen.
Geeignete Beilagen: Kroketten und buntes Gemüse

Coq au vin

Für 4 Portionen ♦ 24 Min. ◊ keine ●

1 Hähnchen
0,5 l Burgunder, 5 EL Cognac
100 g durchwachsenen Speck in Würfeln
12 kleine Zwiebeln klein geschnitten
1 gehackte Knoblauchzehe
200 g Champignons in Scheiben
2 enthäutete Tomaten in Würfeln
Kräuter der Provence, Oregano, Paprika
frisch gemahlenen weißen Pfeffer, Salz

Den Speck mit den Zwiebeln und dem Knoblauch in eine Auflaufform geben und bei 600 Watt 10 Minuten anrösten.

Die Champignons, die Tomaten, Kräuter der Provence und Oregano dazugeben, würzen und den Wein und den Cognac darübergießen. Das gewaschene und trockengetupfte Hähnchen vierteln, mit der Hautseite nach oben auf das Gemüse legen und bei 600 Watt und 2. Grillstufe in der 2. Schiene der Mikrowelle 14 Minuten grillen.
Geeignete Beilagen: Baguette und gemischter Salat (Abbildung rechts)

Tournedos

Für 4 Portionen ♦ 21 Min. ◊ keine ●

4 gut daumenbreite Rinderfilets aus der Filetspitze
50 g Butter
50 g geriebenen Gouda
12 Kirschen, 2 cl Cognac
4 Pfirsichhälften

Die Kirschen im Cognac tränken. Die Filets vorsichtig waschen, trockentupfen und auf dem Rost in der 3. Schiene der Mikrowelle mit der 3. Grillstufe 15 bis 19 Minuten grillen. Nach 10 Minuten wenden.

Die Pfirsichhälften auf die Filets legen, mit je 3 Kirschen verzieren und mit Käse bestreuen. Butterflöckchen aufsetzen und das Ganze 2 Minuten mit der 2. Grillstufe überbacken.
Geeignete Beilagen: Toast oder Baguette und frischer Salat

Coq au vin

Poulet au verjus

Für 4 Portionen ♦ 29 Min. ◇ keine O

1 Hähnchen in 8 Teilen
1 Hähnchenleber
250 g enthäutete und entkernte weiße Weintrauben
6 kleine Zwiebeln
2 zerdrückte Knoblauchzehen
2 EL Gänseschmalz
0,125 l Geflügelfond
frisch gemahlenen schwarzen Pfeffer, Salz
gehackte Petersilie

Die Zwiebeln mit dem Schmalz in einer Kasserolle bei 600 Watt 2 Minuten andünsten. Die Zwiebeln herausnehmen, die Hähnchenteile hineinlegen und bei 220° C Heißluft und 360 Watt 12 bis 15 Minuten garen.

Die Zwiebeln wieder dazugeben, Fond und Knoblauch hinzufügen und mit Pfeffer und Salz abschmecken. Bei der gleichen Einstellung wie zuvor 5 Minuten weitergaren.

Die Weintrauben, die Hähnchenleber und die Petersilie dazugeben und bei 600 Watt 7 Minuten erhitzen. Nach Geschmack nachwürzen.

Geeignete Beilagen: Baguette und gemischter Salat

Putenbrust mit Trauben

Für 4 Portionen ♦ 39 Min. ◇ 5 Min. ●

800 g Putenbrust
150 g halbierte und entkernte blaue Trauben
100 g durchwachsenen Speck in feinen Scheiben
1 rote Zwiebel in feinen Ringen
30 g grob gehackte Walnußkerne
50 g Crème double, 1 EL Mehl
0,2 l Chablis
frisch gemahlenen schwarzen Pfeffer, Salz

Die gründlich gewaschene Putenbrust von Fett und Sehnen befreien und gut mit Pfeffer und Salz würzen. In eine Schale legen und mit dem Speck bedecken. Die Schale auf dem Rost in die untere Schiene der Mikrowelle schieben und bei 360 Watt und 180° C Umluftgrill 35 Minuten braten. Nach 15 Minuten die Zwiebeln dazugeben, 10 Minuten später die Trauben. Das fertige Fleisch 5 Minuten in Alufolie gewickelt ruhen lassen.

Die Crème double mit dem Mehl in einer Schüssel glatt verrühren. Den Bratfond mit dem Wein verrühren und unter die Crème double rühren. Die Nüsse zugeben und die Sauce bei 600 Watt 4 Minuten kochen lassen. Mit Pfeffer und Salz abschmecken und zum Servieren über die in Scheiben geschnittene Putenbrust geben.

Geeignete Beilagen: Langkornreis

Hähnchenbrustfilets in Champagnersauce

Für 2 Portionen ♦ 17 Min. ◇ keine

2 Hähnchenbrustfilets
0,1 l Champagner
0,125 l heiße Geflügelbrühe
2 EL Crème fraîche, 1 TL Speisestärke
1 EL Olivenöl
1 Zwiebel in Würfeln
1 Lorbeerblatt, 1 Zweig Estragon
Zucker, Cayennepfeffer
frisch gemahlenen weißen Pfeffer, Salz
2 EL gehackte Petersilie

Die Hähnchenbrustfilets abspülen und abtrocknen, mit Salz und Pfeffer würzen und mit dem Öl in einer Schüssel bei 600 Watt 6 Minuten anbraten.

Die Zwiebel zugeben, den Champagner und die Geflügelbrühe dazugießen und mit dem Lorbeerblatt und dem Estragon 8 Minuten bei 360 Watt weitergaren. Lorbeerblatt und Estragon entfernen.

Die Crème fraîche mit der Speisestärke verrühren, in die Sauce geben und diese mit

1 Prise Zucker, Cayennepfeffer, Pfeffer und Salz würzen. Bei 600 Watt nochmals 3 Minuten zugedeckt erhitzen. Zum Servieren Sauce über die Hähnchenfilets geben und Petersilie darüberstreuen.
Geeignete Beilagen: Baguette

Burgunderkeulchen

Für 4 Portionen ♦ 47 Min. ◇ keine

4 Hähnchenkeulen
0,25 l Burgunder
0,25 l Bratensauce gebunden
80 ml Sahne, Weinessig
100 g gekochten Schinken in feinen Würfeln
2 EL Johannisbeergelee
2 EL Butterschmalz
1 TL Speisestärke
12 Schalotten in Hälften
1 TL Kräuter der Provence
1 Lorbeerblatt, Wacholderbeeren
Pfefferkörner
1 Prise Cayennepfeffer, 1 Prise Zucker
frisch gemahlenen schwarzen Pfeffer, Salz
Kräuterzweige zum Garnieren

Ein Bräunungsgeschirr bei 600 Watt 5 Minuten vorheizen.

Die Hähnchenkeulen gut waschen und abtrocknen, mit den Kräutern der Provence, Salz und Pfeffer würzen. Das Butterschmalz in das heiße Bräunungsgeschirr geben, die Keulen hineinlegen und bei 600 Watt 7 Minuten braten.

Die Wacholderbeeren, Pfefferkörner, Schalotten und das Lorbeerblatt hinzufügen, den Rotwein angießen und bei 600 Watt 8 Minuten erhitzen. Anschließend bei 360 Watt 20 Minuten garen.

Die Bratensauce und den Schinken dazugeben. Die Speisestärke in der Sahne anrühren und zusammen mit dem Johannisbeergelee in die Sauce einrühren. Bei 600 Watt wieder 7 Minuten garen. Die Hähnchenkeulen herausnehmen und anrichten, die Sauce mit Weinessig, Cayennepfeffer, Zucker, schwarzem Pfeffer und Salz abschmecken, über die Keulen geben und mit Kräuterzweigen garniert servieren. (Abb. Seite 34/35)

Hühnerbrust à l'orange

Für 4 Portionen ♦ 33 Min. ◇ 5 Min.

4 Hühnerbrustfilets
Salz
Für die Füllung:
3 gehackte Frühlingszwiebeln
1 gehackte Knoblauchzehe
7 EL Weißbrotbrösel
3 EL Stangensellerie in Würfeln
2 EL Rosinen, 2 EL Butter
2 EL Wermut (trocken)
1/2 TL Schale einer ungespritzten Orange, abgerieben
Für die Sauce:
6 EL Orangensaft, 6 EL Wermut (trocken)
4 Orangenscheiben
1/2 TL Speisestärke
2 EL Rosinen, 1 TL Zucker
1 Prise gemahlenen Ingwer, 1 Prise Piment
frisch gemahlenen weißen Pfeffer, Salz

Die gewaschenen und abgetrockneten Hühnerbrustfilets flachdrücken und mit Salz würzen. Für die Füllung die Zwiebeln, den Knoblauch, den Sellerie, die Rosinen, den Wermut und die Orangenschale mit der Butter in einer Schüssel bei 600 Watt zugedeckt 6 Minuten andünsten. Zwischendurch einmal umrühren.

Die Weißbrotbrösel unterrühren und die Füllung auf die Mitte der Filets geben. Diese aufrollen, die Seitenränder dabei nach innen klappen und jede "Roulade" mit 2 Holzspießen feststecken. In einer Schüssel die Filets zugedeckt bei 600 Watt 7 Minuten garen, anschließend bei 360 Watt 16 Minuten weitergaren. 5 Minuten stehen lassen.

Für die Sauce den Orangensaft, den Wermut und die Speisestärke verrühren. Unter Rühren alle Zutaten außer den Orangenscheiben hinzufügen und die Sauce bei 600 Watt 3 1/2 Minuten einkochen. Zwischendurch ein- oder zweimal umrühren. Die Filets mit der Sauce und mit den Orangenscheiben garniert servieren.
Geeignete Beilagen: Butterreis und Salat

Folgende Doppelseite: Burgunderkeulchen

Putenstreifen provencale

Für 4 Portionen ♦ 15 Min. ◊ keine ●

500 g geschnetzeltes Putenfilet
250 g Tomaten in Scheiben
240 g Artischockenherzen (aus der Dose) in Scheiben
50 g geraspelten Emmentaler
2 zerpreßte Knoblauchzehen
2 TL Zitronensaft, 3 EL Olivenöl
1 TL Kräuter der Provence
frisch gemahlenen weißen Pfeffer, Salz

Das Fleisch mit dem Knoblauch, 1 TL Zitronensaft, 2 EL Olivenöl und den Kräutern vermischen und mit Pfeffer und Salz würzen. Etwa 15 Minuten zugedeckt stehen lassen. Die Putenstreifen in einer flachen rechteckigen Form verteilen, darauf die Tomaten und Artischockenscheiben dachziegelartig anordnen, mit dem restlichen Zitronensaft und Öl beträufeln, pfeffern, salzen und mit dem Käse bestreuen. Bei 360 Watt und 200° C Umluftgrill 15 Minuten garen.
Geeignete Beilagen: Baguette und frische Salate

Gegrillte Putenkeule mit Sauce Robert

Für 2 Portionen ♦ 40 Min. ◊ 5 Min. ●

1 Putenkeule
Paprika, Curry
frisch gemahlenen weißen Pfeffer, Salz
Für die Sauce Robert:
20 g Butter
100 g fein gehackte Zwiebel
1 EL Zucker
1 EL Mehl
0,125 l Fleischbrühe
0,125 l Weißwein (trocken)
1/4 Schale einer ungespritzten Zitrone, abgerieben
scharfen Senf, Tomatenmark
Zitronensaft
frisch gemahlenen weißen Pfeffer, Salz

Ein Bräunungsgeschirr bei 600 Watt 3 Minuten vorheizen. Die Butter mit dem Mehl, der Zwiebel und dem Zucker darin 3 Minuten (ohne Mikrowelle) dünsten lassen.

Unter Rühren die Fleischbrühe, den Wein und die Zitronenschale dazugeben und bei 360 Watt 6 Minuten garen. Die Sauce mit Senf, Tomatenmark, Zitronensaft, Pfeffer und Salz abschmecken und durch ein Sieb streichen.

Die Putenkeule mit Paprika, Curry, Pfeffer und Salz gut würzen und in einer Schüssel bei 180 Watt und 1. Grillstufe in der 1. Schiene des Gerätes 25 Minuten grillen. Zwischendurch einmal wenden. 5 Minuten stehen lassen.

Die Knochen aus dem Fleisch lösen, das Fleisch in Stücke schneiden und in der Sauce Robert bei 600 Watt 3 Minuten erwärmen.
Geeignete Beilagen: Salzkartoffeln

Poulardenteile in Estragonsauce

Poulardenteile in Estragonsauce

Für 4 Portionen ♦ 22 Min. ◊ keine ○

1 Poularde
0,25 l Weißwein (trocken)
0,25 l helle Sauce, 0,1 l Sahne
Zitronensaft, Worcestersauce
2 EL Butterschmalz
1 EL mittelscharfen Senf
1/2 Bund Estragon fein geschnitten
1 TL Estragon
1 Prise Zucker
1 Prise Cayennepfeffer
frisch gemahlenen weißen Pfeffer, Salz

Die Poularde abwaschen, abtrocknen und in 8 gleiche Stücke teilen. Mit dem Estragon sowie mit Pfeffer und Salz würzen und mit dem Butterschmalz in einem Bratgeschirr bei 360 Watt und 220° C Heißluft 13 Minuten garen. Zwischendurch mehrmals wenden und mit dem Weißwein ablöschen.

Die helle Sauce mit dem restlichen Weißwein, dem Senf und der Sahne verrühren, in das Geschirr geben und mit Salz und Pfeffer, Zucker, Cayennepfeffer, Worcestersauce und Zitronensaft nach Geschmack würzen. Bei 600 Watt 9 Minuten garen.

Den Estragon unter die Sauce ziehen und die Sauce nochmals abschmecken.

Wildente mit Burgunderkirschen

Für 4 Portionen ♦ 33 Min. ◇ keine ○

1 Wildente
250 g Sauerkirschen (Glas)
0,125 l Burgunder
4 EL süße Sahne, 1 EL Speisestärke
3 EL Cherry Brandy, 1 EL Cognac
1 Prise Zimt
frisch gemahlenen weißen Pfeffer, Salz

Die Wildente kalt abspülen, gut abtrocknen, vierteln und gut pfeffern und salzen. Mit der Hautseite nach oben in eine Form legen und bei 180 Watt und 190° C Heißluft 30 Minuten garen. Nach 15 Minuten die mit Rotwein, Cherry Brandy und Cognac vermischten Kirschen zugeben.
Die fertigen Entenviertel auf eine vorgewärmte Platte legen. Die Sahne mit der Speisestärke verrühren, über die Kirschen geben und mit Zimt bestreuen. Bei 600 Watt 3 Minuten aufkochen lassen. Umrühren und über die Ente verteilen.
Geeignete Beilagen: Rosenkohl in heller Sauce und Gratin dauphinois

Ente in Cidre-Sahne-Sauce

Für 4 Portionen ♦ 70 Min. ◇ keine ●

1 Ente
0,2 l Cidre, 0,5 l Sahne
1/2 Tasse Wasser
2 EL angewärmten Calvados
frisch gemahlenen schwarzen Pfeffer, Salz

Die Ente waschen und innen und außen abtrocknen. Mit Pfeffer und Salz würzen und mit der Brustseite nach unten in ein Bratgeschirr legen. 1/2 Tasse Wasser dazugießen. Das Geschirr auf den Rost stellen und die Ente bei 220° C Umluft-Grill und 180 Watt 30 Minuten braten, dann wenden, das angesammelte Fett abgießen, etwas heißes Wasser zufügen und bei unveränderter Grilltemperatur, aber 90 Watt Mikrowelle 40 Minuten weitergaren.

In einer Kasserolle die Hälfte des Calvados erwärmen, anzünden, über die Ente gießen und ausbrennen lassen. Die Ente zerteilen, auf einer Platte auf einen Topf mit heißem Wasser stellen und gut abdecken. Den Cidre in einem Topf um die Hälfte einkochen lassen. Die Sahne nach und nach unterrühren und das Ganze kochend eindicken. Zum Servieren die Ententeile anrichten und mit dem restlichen Calvados beträufeln. Die Sauce dazu reichen. (Abbildung rechts)

Ente à l'orange

Für 4 Portionen ♦ 74 Min. ◇ keine ●

1 Ente
4 Orangen
1 1/2 TL Speisestärke
1 TL Zucker
2 cl Cointreaux
Ingwerpulver, Zimt, Salz
frisch gemahlenen weißen Pfeffer

Zwei Orangen in 0,5 cm dicke Scheiben schneiden. Die Scheiben halbieren, auf einen Teller legen, mit dem Zucker bestreuen und bei 600 Watt 2 Minuten vorgaren.

Die Ente waschen und innen und außen abtrocknen. Mit Pfeffer und Salz würzen und mit der Brustseite nach unten in ein Bratgeschirr legen. 1/2 Tasse Wasser dazugießen. Das Geschirr auf den Rost stellen und die Ente bei 220° C Umluft-Grill und 180 Watt 30 Minuten braten, dann wenden, das angesammelte Fett abgießen, etwas heißes Wasser zufügen und bei unveränderter Grilltemperatur, aber 90 Watt Mikrowelle 40 Minuten weitergaren.

Die Ente auf eine Platte legen, die beiden übrigen Orangen auspressen und den Saft zum Bratenfond geben. Mit der Speisestärke binden und bei 600 Watt 2 Minuten aufkochen. Mit Ingwer, Zimt, Pfeffer und Salz abschmecken, durchsieben und mit dem Likör vermischen. Die Ente mit den angedünsteten Orangenscheiben garniert servieren.
Geeignete Beilagen: Baguette und gemischter Salat

Ente in Cidre-Sahne-Sauce

in
sc
ve
G
ga
G

m
ste
Pf
de
in
trä
te

Za

Beilagen

Blumenkohl mit Käsesauce

Für 4 Portionen ♦ 27 Min. ◇ 3 Min.

500 g Blumenkohl in Röschen
100 g Champignons in Scheiben
25 g geriebenen Edamer
15 g Mehl, 0,125 l Milch
3 EL Margarine
75 ml Crème fraîche
50 g frische Weißbrotbrösel
1/4 TL Senf, Salz, Pfeffer

Die Blumenkohlröschen mit 75 ml Wasser und 1/4 TL Salz in einer Schüssel 16 Minuten bei 600 Watt garen. Zwischendurch einmal umrühren. Anschließend 3 Minuten zugedeckt stehen lassen.

Die Champignons in 1 EL Margarine 2 Minuten bei 600 Watt andünsten.

Mehl und Gewürze über die Pilze streuen und gründlich umrühren, dann nach und nach die Milch einrühren. 3 Minuten bei 600 Watt eindicken.

Den geriebenen Käse unterrühren und bei 600 Watt in 20 Sekunden schmelzen lassen und mit der Crème fraîche vermischen.

Die Brotbrösel mit 2 EL Margarine 5 Minuten zugedeckt erhitzen, bis sie braun werden. Dabei einmal umrühren. Den Blumenkohl abgießen, die Sauce darübergeben und mit den Brotbröseln bestreut servieren.

Pikantes Schwarzwurzelgemüse (Rezept S. 54)
Fenchel à la Mornay

Fenchel à la Mornay

Für 4 Portionen ♦ 32 Min. ◇ keine ●

4 Fenchelknollen in Vierteln
50 g durchwachsenen Räucherspeck in Würfeln
6 EL Weißwein (trocken)
0,125 l Wasser
1/2 TL Salz
Butter
Für die Sauce:
125 g geriebenen Gruyère
0,5 l Gemüsebrühe
6 EL Kondensmilch
4 EL Butter, 2 EL Mehl
1 Eigelb
Zucker, frisch geriebene Muskatnuß
frisch gemahlenen weißen Pfeffer, Salz

In einer Schüssel den Fenchel mit dem Wein, dem Wasser und Salz bei 600 Watt zugedeckt 12 Minuten angaren. Den Fenchel herausnehmen und abtropfen lassen.

Für die Sauce die Butter bei 600 Watt in 1/2 Minute zerlassen, mit dem Mehl, der Brühe und der Kondensmilch verrühren und weitere 5 Minuten bei gleicher Leistung erhitzen. Das Eigelb und den Käse unterziehen und mit 1 Prise Zucker, Muskat, Pfeffer und Salz würzen.

Die Fenchelscheiben in eine mit Butter gefettete Auflaufform legen, mit dem Speck bestreuen, die Sauce darübergießen und Butterflöckchen darauf verteilen. Bei 90 Watt und 210° C Umluftgrill 14 Minuten backen. (Abbildung links)

Zucchini-Kartoffel-Gratin

Für 4 Portionen ♦ 18 Min. ◇ keine ●

500 g Kartoffeln in sehr dünnen Scheiben
400 g Zucchini in dünnen Scheiben
0,25 l Sahne
2 fein gehackte Knoblauchzehen
1 EL Margarine
2 TL frische Thymianblättchen
Pfeffer, Salz

Die Kartoffel- und Zucchinischeiben in eine gut gefettete Auflaufform dachziegelartig einschichten und mit Thymian und Knoblauch bestreuen. Die Sahne mit Pfeffer und Salz leicht verquirlen und gleichmäßig über das Gemüse verteilen. Margarineflöckchen aufsetzen und das Ganze bei 600 Watt Mikrowelle und 1. Grillstufe 17 1/2 Minuten backen, bis es goldgelb ist.

Pikantes Schwarzwurzelgemüse

Für 4 Portionen ♦ 20 Min. ◇ keine

500 g tiefgekühlte Schwarzwurzeln
75 g gekochten Schinken in Würfeln
4 enthäutete und entkernte Tomaten in Würfeln
2 Frühlingszwiebeln in Streifen
1 Zwiebel in feinen Würfeln
0,2 l Sahne, 2 EL Butter
1 Glas Weißwein (trocken), Zitronensaft
Zucker, Salz
frisch gemahlenen weißen Pfeffer
3 EL gehacktes Basilikum

Die Schwarzwurzeln mit den Frühlingszwiebeln und der Zwiebel in einer Schüssel mit der Butter, dem Weißwein und etwas Zitronensaft vermischen und mit 1 Prise Zukker, Pfeffer und Salz nach Geschmack würzen. Das Gemüse bei 600 Watt 15 Minuten garen.

Die Tomatenwürfel, den Schinken und die Sahne unter das Gemüse rühren und bei 600 Watt 5 Minuten erhitzen. Abschmecken und zum Servieren mit dem Basilikum bestreuen. (Abbildung Seite 52)

Kartoffeln und Möhren

Für 6 Portionen ♦ 22 Min. ◇ 5 Min.

700 g Kartoffeln mit Schale
6 der Länge nach geviertelte Möhren
Zucker, 2 EL Wasser
frisch gemahlenen schwarzen Pfeffer, Salz
Butter

Die Kartoffeln sauberbürsten, mehrmals mit einer Gabel einstechen und zusammen mit den Möhren, 1 Prise Zucker, dem Wasser und 1 EL Butter bei 600 Watt zugedeckt 22 Minuten garen. Zwischendurch einmal umdrehen. Anschließend mit Pfeffer und Salz nach Geschmack würzen, Butterflöckchen aufsetzen und 5 Minuten zugedeckt stehen lassen.

Prinzeßböhnchen "französisch"

Für 4 Portionen ♦ 13 Min. ◇ keine

500 g fadenlose Prinzeßbohnen
1 Zweig Bohnenkraut
0,25 l Salzwasser
80 g Butter
Pfeffer, Salz
1 EL fein gehackte Petersilie

Die Bohnen mit dem Salzwasser und dem Bohnenkraut bei 600 Watt 10 Minuten garen, anschließend kalt abspülen und das Bohnenkraut entfernen.

Mit Butterflocken, Salz und Pfeffer 2 1/2 Minuten bei 600 Watt erhitzen und mit Petersilie bestreut servieren.

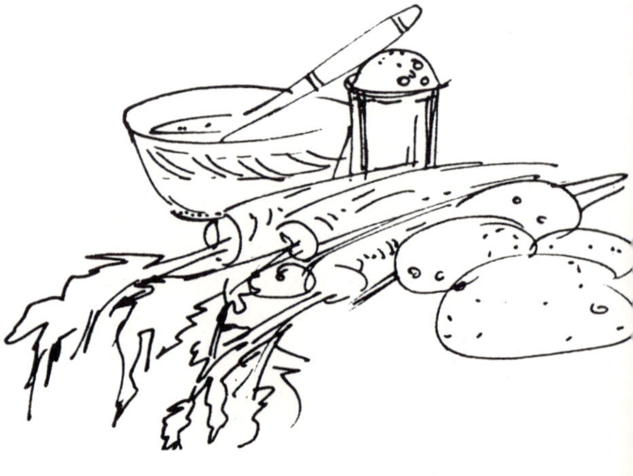

Gratin dauphinois

Für 4 Portionen ♦ 25 Min. ◇ keine ●

1 kg Kartoffeln in dünnen Scheiben
120 g geriebenen Emmentaler
50 g Butter
0,1 l Milch, 0,1 l Sahne
1 Knoblauchzehe
frisch geriebene Muskatnuß
frisch gemahlenen weißen Pfeffer, Salz
Butter für die Form

Eine Auflaufform mit der halbierten Knoblauchzehe ausreiben und mit Butter einfetten. Die Hälfte der Kartoffelscheiben in die Form schichten, mit Muskat, Pfeffer und Salz würzen und mit einem Teil des Emmentalers bestreuen. Die restlichen Kartoffeln einschichten, ebenfalls würzen und mit dem Rest des Käses bestreuen. Die Butter in Flocken daraufgeben, die Milch mit der Sahne vermischen und darübergießen. In der Mikrowelle bei 600 Watt und zusätzlich 210° C Umluftgrill in 25 Minuten backen.

Eierspinat provencale

Für 4 Portionen ♦ 13 Min. ◇ keine

400 g klein geschnittenen Spinat
50 g gekochten Schinken in Würfeln
2 EL fein geschnittenen Gorgonzola
3 EL Weißwein (trocken)
2 Eier
1 Zwiebel in Würfeln
1 Knoblauchzehe
Kräuter der Provence
2 EL Butter, 2 EL gehackte Petersilie
frisch gemahlenen schwarzen Pfeffer, Salz

Den Knoblauch mit 1 TL Salz zu einer Paste verreiben und in einer Schüssel mit der Butter, dem Schinken, dem Spinat, der Zwiebel und dem Wein vermischen und mit Kräutern der Provence, Pfeffer und Salz abschmecken. Bei 600 Watt 8 Minuten dünsten, die mit dem Käse und der Petersilie verschlagenen Eier unterrühren und weitere 5 Minuten garen. Vor dem Servieren nach Geschmack nachwürzen.

Bouillonkartoffeln

Für 2 Portionen ♦ 23 Min. ◇ keine

500 g Kartoffeln in Würfeln
125 g Lauch in Ringen
10 g Möhren in Scheiben
0,75 l Fleischbrühe
1/4 TL Majoran
frisch gemahlenen weißen Pfeffer, Salz
2 EL gehackte Petersilie

Die Kartoffeln in einer Schüssel mit Lauch, Möhre und Brühe bei 600 Watt in 10 Minuten kochen und mit 360 Watt in 13 Minuten garen. Mit Majoran, Pfeffer und Salz abschmecken, mit Petersilie bestreuen und servieren.

Honigmöhren

Für 4 Portionen ♦ 21 Min. ◇ keine ●

750 g Möhren
4 EL Honig, 20 g Butter
5 EL süße Sahne
1 EL gemischte Kräuter
80 g geriebenen Gouda
frisch gemahlenen weißen Pfeffer, Salz

Die geputzten und gewaschenen Möhren halbieren und in ca. 7 cm lange Stücke schneiden. In eine längliche Auflaufform geben, mit dem Honig bestreichen, mit den Kräutern bestreuen und Butterflocken daraufgeben. Gut mit Pfeffer und Salz würzen, mit Klarsichtfolie abdecken und bei 600 Watt 7 Minuten andünsten.

Die Sahne dazugeben und den Käse darüberstreuen. Bei 600 Watt und mit Umluftgrill auf 220° C 14 Minuten garen.

Tip: Ganze Gemüse wie Tomaten, Auberginen oder auch ungeschälte Kartoffeln müssen vor dem Garen mehrmals mit einer Gabel eingestochen werden, weil sie sonst platzen.

Sahnewirsing

Für 4 Portionen ♦ 17 Min. ◇ keine

400 g Wirsing, halbiert und in Scheiben geschnitten
200 g enthäutete Tomaten in Würfeln
30 g durchwachsenen geräucherten Speck in feinen Würfeln
1 Zwiebel in Würfeln
3 EL Weißwein (trocken)
2 EL Crème fraîche
1 EL Schweineschmalz
Kräuter der Provence
frisch gemahlenen weißen Pfeffer, Salz

Das Schweineschmalz mit dem Speck bei 600 Watt zugedeckt 2 Minuten braten, den Wirsing, die Zwiebel, den Wein dazugeben, mit Kräutern der Provence, Pfeffer und Salz würzen und weitere 10 Minuten zugedeckt garen.

Die Tomaten dazugeben, gut umrühren und bei 360 Watt zugedeckt 5 Minuten garen. Zum Servieren die Crème fraîche unterrühren.

Überbackene Ratatouille

Für 6 Portionen ♦ 30 Min. ◇ keine ↔

500 g enthäutete Tomaten in Scheiben
1 rote Paprikaschote in schmalen Streifen
1 grüne Paprikaschote in schmalen Streifen
1 gelbe Paprikaschote in schmalen Streifen
3 milde Peperoni in schmalen Streifen
2 Auberginen in dünnen Scheiben
3 Zucchini in dünnen Scheiben
4 Stangen Lauch in dünnen Ringen
1 Zwiebel in dünnen Ringen
3 Knoblauchzehen
8 EL Olivenöl
3 Zweige Estragon fein geschnitten
1 Bund Thymian fein geschnitten
1 Bund Schnittlauch fein geschnitten
1 Bund Basilikum fein geschnitten
100 g fein geriebenen Gouda
frisch gemahlenen schwarzen Pfeffer, Salz

Die Auberginenscheiben mit Salz bestreuen und 20 Minuten ziehen lassen. Die Zwiebel mit dem Olivenöl und den durch die Knoblauchpresse gedrückten Knoblauchzehen in eine Auflaufform geben und bei 600 Watt 3 Minuten dünsten.

Die trockengetupften Auberginen zusammen mit den Zucchini, dem Lauch, den Tomaten, den Paprikaschoten und den Peperoni zur Zwiebel geben, gründlich verrühren, salzen und pfeffern. Die Form zugedeckt auf einen Rost in der unteren Schiene der Mikrowelle stellen und bei 600 Watt und zusätzlich 175° C Ober- und Unterhitze 27 Minuten garen. Nach 17 Minuten die Kräuter dazugeben und gut umrühren, den Käse darüberstreuen und offen weiterbacken.

Zwiebeln "Tartar"

Für 4 Portionen ♦ 32 Min. ◇ keine ●

600 g Tartar
8 Zwiebeln, 1 fein gehackte Zwiebel
2 fein gehackte Essiggurken
2 Eier
0,125 l Gemüsebrühe
1 Glas Weißwein (trocken), 2 cl Cognac
2 EL Butter, Kapern
3 EL gehackte Petersilie
2 EL mittelscharfen Senf
1 TL grüne Pfefferkörner
frisch gemahlenen weißen Pfeffer, Salz
75 g geriebenen Emmentaler

Das Tartar mit der fein gehackten Zwiebel, den Eiern, den Essiggurken, einigen Kapern, dem Senf und der Petersilie gut verkneten. Den Cognac und die Pfefferkörner untermischen und mit Pfeffer und Salz nach Geschmack würzen.

Die Zwiebeln schälen, einen Deckel abschneiden und in einer Schüssel mit der Gemüsebrühe, dem Weißwein und der Butter bei 600 Watt 15 Minuten garen.

Die Zwiebeln mit einem Teelöffel vorsichtig aushöhlen, die ausgeschabte Masse fein hacken und unter das Fleisch kneten. Die Zwiebeln mit dem Fleisch füllen, in die Gemüsebrühe setzen, mit dem Emmentaler bestreuen und zuerst bei 600 Watt 5 Minuten, dann bei 350 Watt 12 Minuten garen.

Zwiebeln "Tartar"

He
Pro